了不起的中国古代科技与发明

徐寿

设计制造蒸汽轮船

KaDa故事 主编

猫十三 著　陈伟工作室 绘

史晓雷 审校

化学工业出版社

·北京·

图书在版编目（CIP）数据

徐寿：设计制造蒸汽轮船 / KaDa故事主编；猫十三著；陈伟工作室绘. -- 北京：化学工业出版社，2024.1
（了不起的中国古代科技与发明）
ISBN 978-7-122-44491-2

Ⅰ．①徐… Ⅱ．①K… ②猫… ③陈… Ⅲ．①徐寿（1818-1884）—生平事迹—少儿读物 Ⅳ．①K826.13-49

中国国家版本馆CIP数据核字（2023）第225736号

责任编辑：刘莉珺 李姿娇　　　　装帧设计：史利平
责任校对：宋　夏

出版发行：化学工业出版社
　　　　　（北京市东城区青年湖南街13号　邮政编码100011）
印　　装：北京宝隆世纪印刷有限公司
880mm×1230mm　1/12　印张3$\frac{1}{2}$　字数50千字
2025年1月北京第1版第1次印刷

购书咨询：010-64518888　　　　售后服务：010-64518899
网　　址：http://www.cip.com.cn
凡购买本书，如有缺损质量问题，本社销售中心负责调换。

定　　价：39.80元

你知道是谁设计制造了中国历史上第一艘蒸汽轮船吗？

在实行闭关锁国政策的清朝，轮船是如何制造出来的呢？

我国古代船只的发展史

独木舟

独木舟是一种用单独的一根树干挖空做成的小船。也正因为是完整的一根，所以不容易漏水，使用起来也很简单，用桨就可以划走。浙江萧山跨湖桥遗址出土的独木舟，至今约有8000年的历史，堪称"世界第一舟"。

轮船的设计制造者

徐寿（1818—1884年）是清朝末年著名的科学家，也是中国近代化学的启蒙者，更是中国近代造船工业的先驱。他带领团队自主设计制造出中国第一艘蒸汽动力轮船"黄鹄（hú）"号，为我国后来的造船事业开辟了宽阔的道路。他还在江南机器制造总局设立了翻译馆，召集许多中西方学者进行翻译工作，主要翻译西方化学、蒸汽机等方面的书籍。

车轮舟

东晋时，我国开始出现车轮舟，也叫作桨轮船。这种船，是把船桨的叶片装在轮子周边，再变成桨轮装在船身两侧。轮子转动，轮上的叶片交替划水，大大提升了船的航行速度，也提高了船的机动性。徐寿的"黄鹄"号轮船也属于车轮舟，但与前代车轮舟不同的是，黄鹄"号靠的是蒸汽机作动力，燃烧煤炭即可维持蒸汽机运转，大大节省了人力和船上空间。

桨轮战舰

桨轮战舰是在车轮舟的基础上发展而来的。但比车轮舟更先进的是，它装备有20~23个桨轮，航行速度更快，机动性更强。

中国古船的主心骨——龙骨

龙骨是整艘船中最重要的部件，也是造船时最先打造的部分。一艘船是不是结实耐用，跟龙骨有很大的关系。中国古代船只的龙骨一般在船底最中间的地方，通常由主龙骨、尾龙骨和艏（shǒu）柱三部分组成。

龙骨补强材：为了加强船的结实程度和抗风浪能力，人们在主龙骨与尾龙骨、艏柱连接的地方，增加了龙骨补强材。

再来一块龙骨补强材放在接缝的地方，船就更结实啦。

端接头：主龙骨与艏柱衔接的地方，采用榫卯（sǔn mǎo）结构连接，十分坚固，不易脱落。

这一天，秋高气爽，徐寿来到郊外，想看看今年农民的收成怎么样。

天气不错！

然而，他刚走到地头，就隐约听见周围的树丛里传来一阵窸（xī）窸窣（sū）窣的声音，似乎有什么东西在悄悄移动。

窸窸窣窣

他心想：是黄鼠狼吗？黄鼠狼有这么大动静吗？

黄鼠狼？

还没等他凑近了去瞧，突然，"啪"的一声巨响划破天空，几乎把徐寿的胆子都要吓破了。

"大哥小心！"一声大喝响起。

徐寿刚要大叫，猛地感到肩上一沉，随即就被扑倒在地。他回头一看，竟是一个小伙子压在他的身上。

中国制造的独家秘诀——水密舱壁

　　水密舱壁是一种类似人体横膈膜的结构，据说它的设计灵感来源于竹子内部的隔膜。它将整个船舱分隔成几个小隔舱，横向的几面隔板使整个船体更加结实。货物放在里面，还可以分门别类地堆放，照看起来也很方便。它最大的好处在于，如果船撞到了什么硬东西导致其中一个船舱漏水，其他的舱也不至于马上灌进去水，还有修补的余地。这可是中国古代造船工艺上的一项重大发明，是中国对世界造船技术的重大贡献之一呢！

还是树底下凉快啊……

哎呀，墨斗好像没墨了！

我说怎么打不出来直线呢！

墨斗：木工用来打直线的工具。从墨斗中拉出墨线，放到木材上，两头绷紧，提起墨线后松手，凭借弹力在木材上打上黑色的直线。

"你你你……"徐寿吓得上牙磕下牙，嘴皮子都不利索了。

耳边"噼噼啪啪"的声音接连不断，不远处的树丛里爆豆似的闪着火光。

"子弹不长眼，大哥快把头低下，跟我走！"

小伙子力气奇大，像随手拉起个面口袋似的，一把拉起徐寿，猫着腰，迅速往另一头跑去。

徐寿畏畏缩缩地大叫道："这……这是怎么回事啊？"

小伙子边跑边答道："我们是太平军，本来在这里偷袭洋人，没想到大哥你突然闯进来，被洋人发现了！"

独特的木材连接方式——钉接榫合法

　　中国古代的建筑大多是木质结构，木材直接的拼接方式以榫卯为主，有点像拼搭积木。但在造船工艺上，材料的连接方式有了很大的进步——采用了"钉接榫合法"。钉接就是用铁钉连接，榫合是指榫卯接合。钉接榫合，说的其实就是铁钉和榫卯相结合的方式。

船壳板：船舷的木板面。为了使船壳板更坚固，古人采用了三重板结构来加固船壳板。

哎哎！
挂锔掉啦！

挂锔（jū）：这是一种特殊的铁钉，头上有钩，用来连接船板和舱壁，使它们更加牢固。

"哎呀呀，那真是对不住啊！"徐寿又是抱歉又是恐惧。

"来不及了！大哥你先走，我掩护你！"

小伙子说完，把徐寿拼命向前一推，自己一个人竟扭头往回跑。

徐寿大吃一惊，疯了一样地大喊："喂！你干什么去？快回来！"

"我们太平军练过金刚不坏之身！"小伙子嘿嘿一笑，"子弹打不穿我们的，我来给大哥……"

然而，话没说完，"噗"的一声，小伙子的胸膛上顿时炸开一片血花。随后，小伙子便倒下了。

那边钉子不够用了。

别急，我这不是拿来了嘛。

哇，好好玩啊！

有它船才更稳当——减摇龙骨和大拉

跟在小河里航行不同，在海上航行可能会遭遇很大的风浪，波涛更猛，更不用说水下还藏着什么危险了。给船增加减摇龙骨和大拉等装置，才能让整艘船更加稳定，不容易发生翻船的事故。

大拉：一般会用两根很粗的木料装在船舷两侧的顶部，这样可以使船抵抗更大的风浪。

减摇龙骨：这是两条放在船舷下部向船底弯曲部分的木板，也能提高船的稳定性。

傍晚，战斗结束了，徐寿满脸灰尘地贴着城墙根坐着。他低声嘟囔，声音里带着些呜咽。

呜呜呜……

"哪有什么金刚不坏之身啊！……都是肉做的，他们太平天国那些人，怎么净拿鬼话糊弄孩子啊！……"

骗子！

泪水冲得脸上的尘土都和成了泥。小伙子倒下的场面，一遍遍在他脑海里重复着。

挥之不去

"几把刀剑、一些棍棒，就想去跟洋人的火枪大炮对着干，这怎么行？怎么行啊?！"

徐寿把脸埋在胳膊里，不知是因为冷，还是因为恐惧的劲儿没过，浑身依然在微微地颤抖着。

忽然，一个声音在脑海中响起："想跟洋人的火枪大炮对着干，那咱们自己也得有火枪大炮才行！"

给船加个盖子——甲板

甲板对于船来说，就相当于房子里的楼板。大船的甲板有好几层，能将船的内部分成上下好几个空间。而我们通常说的甲板，是最上层的从船头到船尾的连续甲板。因为甲板常年露在外面，不仅要经受风吹日晒和雨淋，还要经受船员在上面的走动和货物的拖动，所以在选择甲板的材料时，一般会选用耐磨、防水、防腐和抗压、抗冲击性能都好的木材。

楼船：作为内河船只，其甲板上的上层建筑风格为飞檐、斗拱与雕栏相结合，如同将楼房建筑直接建在上面，十分壮观。

那个楼船真好看！

小宝，不要乱跑啊！

唔，这块板好像有点窄了。

你看这尺寸对不对？

徐寿慢慢抬起头，映入眼帘的是一双粗布鞋子，然后是一身粗布麻衣。随着目光上移，一张年轻的面孔出现在他面前，让他心中又是微微一震。

缓缓抬头

又是一个小伙子，年纪跟刚刚的那个差不多！

彷佛又是他！

"唉……就算咱们拿出鸟枪，可洋人还有轮船呢！那轮船上的大炮能把咱的港口都炸平了！"

轰——

徐寿叹了口气，摇了摇头："我也算是个懂机械的，可朝廷没有专门造轮船的机构，我就是想出力，也报国无门啊！"

有劲儿没处使！

"你懂机械？"年轻人忽然蹲下来，两眼放光，"我也懂机械呀！要不，咱俩一起学造轮船去？"

咱俩一起学？

徐寿不自然地笑了一下，仿佛面前蹲了个精神不正常的人："咱俩学造轮船？兄弟！你在开玩笑吧？"

你在开玩笑吧？

遇到海上风浪大时，甲板上十分危险，这时候船员一般都躲到船舱里去了，甲板上不留人。

防止木板方框漏水的诀窍——捻缝

木板拼接起来的船，板材之间不可能一点缝隙都没有，但有缝隙就很容易进水，所以要把缝隙堵住，堵住缝隙的工艺就叫捻缝。捻缝是保证木船不进水的重要步骤，而缝捻得好不好又直接跟捻料相关。捻料一般用桐油、石灰、麻丝做成。

桐油：由桐树的果实榨取而成。桐油干燥快，耐腐蚀，能与空气中的氧气快速发生反应，在涂抹表面形成一层膜。

敢情你的那么轻！

你怎么走那么慢？

"我没开玩笑啊，大哥！洋人在上海开了个墨海书馆，里面肯定有不少好东西。咱们两个好好学，准能学会造轮船的技术。"

徐寿见年轻人不像是在说笑话，便站了起来，眉开眼笑道："你说的是真的？要是真的，我就跟你走一趟。"

这个年轻人叫华蘅芳，从小就喜欢鼓捣些机械发明之类的东西。徐寿跟他开心地来到了上海墨海书馆的大门前。

那咱走吧！

书馆里果然有许多科技类的图书，不光解释详尽，还有具体的图纸。

俩人如获至宝，认真阅读书馆里每一本讲机械的书。他们每日白天读书，晚上钻研讨论，常常兴奋得一宿都睡不着觉。

两个人虽然有些消瘦，但眼睛里的光却一天比一天明亮。他们抱着一颗求知的诚心来的，却没想到，这一学竟学了将近十年。

要啥有啥！

海里的很多生物会附着在船体的表面，会慢慢损坏船体，所以除了捻缝之外，船底和船身上还要涂漆，并需要定期对海洋生物进行清理。

绑好啦！

这次买的桐油成色不错。

给你倒点石灰！

石灰：一种很好的建材，有多种用途。和桐油等材料混合后用来给木质船板捻缝，有良好的水密性。

轻点倒！飘进眼睛里可就把眼睛烧坏了！

幸亏捻缝严实，要不然那次我可就……

真是一团乱麻呀！

好多啊……

麻丝：从各种麻类植物中取得的纤维。经过反复捣匀混入捻料中，可以起到填充、防裂、提高捻料附着力和增加强度的作用。

15

船行方向的操控手——舵

舵是控制船的行进方向的重要工具，由中国率先创制出来，体现了中国对世界造船技术的杰出贡献。

中国古船上的舵一般叫平衡舵，这种舵装在内河船上，可以保证船的灵活航行。后来，随着人们开始向海上进发，又出现了适合远洋航行的大海船上的不平衡舵，可以用它来保证船的稳定性。

古法今用：现代船只上的舵，改变了舵杆的操作方式，采用轮盘来调整船的航行方向，类似于汽车的方向盘。水下的部分也由舵板改成了螺旋桨导流罩。

舵杆

舵柄

嘿——

真重啊！

起升绞车：一个升降装置，使船舵上下升降，调节船舵的入水深浅。

木销座：两个固定的木座，为船舵舵杆的转动提供稳定的支撑点。

舵

没事，刮掉就好啦

这上面怎么这么多鸟屎啊？

吊舵绞车：通过绳索的拉力使船舵贴合在木销座内，由此固定船舵的转动轴，使船舵在转动时更加稳定。

这东西可不能卡太紧，不然到时候转不动就糟了。

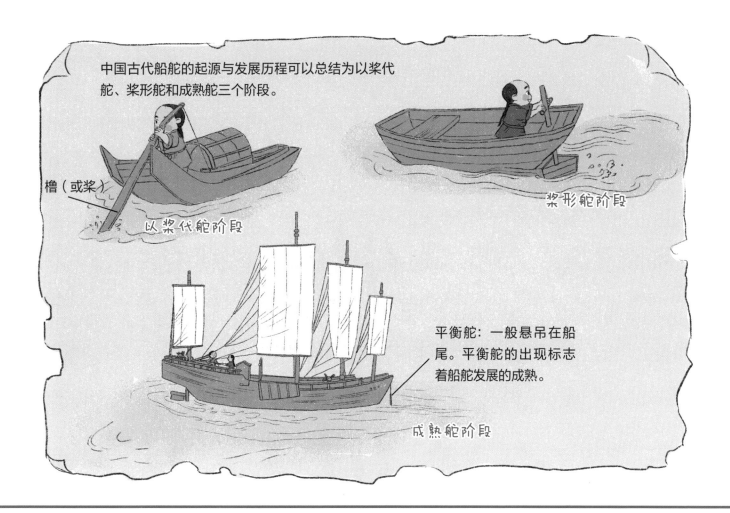

中国古代船舵的起源与发展历程可以总结为以桨代舵、桨形舵和成熟舵三个阶段。

橹（或桨）

以桨代舵阶段

桨形舵阶段

平衡舵：一般悬吊在船尾。平衡舵的出现标志着船舵发展的成熟。

成熟舵阶段

这一日，他们觉得，该是把从书本上学到的知识付诸实践的时候了。于是，他们动身来到安徽，来到曾国藩创办的安庆内军械所。

该行动了！

曾国藩看着两张热情的面孔，有些担忧地说道："你们想献身报国是好事，只是造轮船这件事，动力是第一要解决的难题。"

好事是好事！

"我们没有洋人的技术，不会造蒸汽机。就算会打个木头船身，航速赶不上洋人的铁船，也不行啊。"

就是咱能力不够啊！

徐寿二人互相对视一眼，会心一笑。

嘿嘿！

华蘅芳拍着胸脯道："曾大人，动力好说，我们在上海学了这么多年，学的就是怎么造蒸汽机。"

我们有能力

"哦？你们会造蒸汽机？"曾国藩脸上顿时绽开笑容，"如果你说的是真的，我立即给你们拨款，去造蒸汽机，然后去造轮船。"

那快去吧！

停稳船只全靠它——锚

猫的爪子上有钩，能牢牢抓住猎物，使猎物再也逃脱不掉。古人发现这个特点后，造出了大的"铁猫爪"，并用铁链把它连在船上。要停船的时候，便把这个"铁猫爪"扔到水里，爪子上倒钩的尖端便会钩住水底的大石头，这样船就停稳啦。因为这个大猫爪是铁做成的，所以人们把"猫"字的犬字旁换成金字旁，就变成了"锚"（máo）字。

那自然是很大很大很大咯！

这么大的锚，得多大的船才能装得下呀？

这么大的船，能开到好远的海上吧？

这火烤得真热！

古时候船停靠岸有许多种方式，如用绳子一头连着船，另一头绑在岸边的树上，或将另一头捆在一个大石头上，靠岸时把石头抛上岸。不过，这些都没有直接用锚来得方便。

徐寿和华蘅芳领了任务，便全心投入，每日起早贪黑，加班加点，同安庆内军械所的同行们一起努力搞科研。

加油！

短短三个月之后，第一台船用蒸汽机诞生了。

当当当当

试验这天，曾国藩来到现场，看见蒸汽机上的轴承疾速旋转，蒸汽呼呼地从筒子里冒出来。虽然蒸汽机只坚持运转了一个时辰，但他还是乐开了花。

真棒！

"好！好啊！想不到我们中国人，竟然可以不靠洋人的指导自己造出蒸汽机，那造出轮船也是指日可待啦！"

有出息！

"嗯，想要不受欺负，就要造出我们自己的船，就算是失败一两次也没关系。这块技术上的硬骨头，我们一定要啃下来！"

一定要成功！

徐寿感觉自己受到了莫大的鼓舞。他拉着华蘅芳，又是一通钻研和制造，简直要把老命都豁出去了。

不能辜负信任！

19

船上的制高点——桅杆

桅杆是船上的一根高杆，是整条船最高的地方。桅杆一般有两种用途：在靠风力航行的帆船上，桅杆用来悬挂船帆旗帜和系帆缆绳，也会用来为大船支撑观测台；而在轮船上，不需要风来提供动力，所以桅杆只用来支撑观测台。

古法今用：现代船只的桅杆大多由金属制造，圆柱形，上面用来架设信号灯、电报天线和悬挂旗帜等。除此之外，它还能支撑吊货杆，可以吊装或卸载货物。

什么时候能买起那么大的船呐？

我很小，只用桅杆来挂帆。

经过一年筹备，轮船终于造好了。试航这天，朝中的许多大臣都来凑热闹，上海《字林西报》甚至还专门派了记者来报道这一盛况。

都来了！

徐寿站在船头，看着岸上密密麻麻的人头，神气地朝华蘅芳打了个手势。华蘅芳得令，"嘿"了一声，抢起铁锹就开始往炉子里添煤块。

嘿！

炉子里的煤烧得通红通红的，锅炉里的水迅速升温，咕噜噜响的泡泡在里面翻滚着。蒸汽机慢慢开动，轮船也开始缓缓前行了！

动了！动了！

随着一声鸣笛，岸上爆发出一阵热烈的掌声和欢呼声。

"好样的！咱们终于有自己的轮船了！""听说这艘轮船是咱们自己造的，一个洋人工匠都没用。"

"咱们以后肯定能造出更大、更好、比洋船还快的轮船！"

21

代替桨的船动力——明轮

明轮，就是装在船的外侧为船提供动力的装置，相当于划船用的桨。明轮的直径很大，与装在水下的暗轮相比，明轮能够提供的动力更大。中国古代很早就发明了带有明轮的船，叫作"车船"，或者"车轮舟"，一般是作为战船使用的。

明轮：相对于藏在水下的暗轮而言，明轮只有一部分浸在水中，大部分暴露于水上。

"黄鹄"号与之前的车船的不同之处在于动力来源："黄鹄"号是蒸汽动力，车船则要靠绞盘来驱动。

这里面视野真不错！

是吗？我也来瞧瞧。

燆（róu）：古代的一种木工工艺，是将浸湿的木头放在火上烤，同时用力弯曲。这样可以使木头变形，以便下一步做成轮子。

古代船只的推进工具是桨，桨进一步发展为轮桨。轮桨就是将桨的叶片装在轮子的周边，使之作连续的圆周旋转运动。这样不仅提高了船的航行速度，而且进退自如，而这一点对战船来说是非常重要的。

不然你以为木轮子是怎么做的？……喂！别靠太近，当心烧焦！

好神奇！木板用火烤一烤竟然弯了！

划了半天，连半里路都没到！

明轮驱动，轻轻松松！

发动机、螺旋桨，要说走得快我在行！

古法今用：明轮虽然比船桨、暗轮的动力更强，但也更笨重，尤其是遇到风浪的时候。所以，后来被以发动机为动力的转速更快的螺旋桨所取代。

然而，岸上讨论的热乎劲儿还没过，远处的轮船却似乎没动静了。

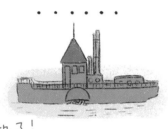

没动静了！

徐寿有些慌了，连忙扭头喊道："薾芳！怎么回事？船怎么好像要停了？"

什么情况？

华薾芳手忙脚乱地冲进蒸汽机房，然后又跌跌撞撞地跑出来："徐大哥！蒸汽供给不足，活塞不连续工作了！"

它不转了！

岸上的人群安静下来，怀疑和失落的情绪渐渐在人群中蔓延。

……

一个记者叹息道："才行驶了一里，船就走不动了。而且在行驶过程中，船的动作也慢吞吞的。看来，我们自己造船还是不行啊！"

唉，还是不行！

曾国藩却昂着头，坚定地说道："不怕，有成功就会有失败。只要我们坚持，就一定能靠自己的聪明才智，造出轮船！"

失败是成功之母！

船体形状有讲究

为了让船在水面上行驶得又快又稳，人们花了很多心思在船的形状上。例如Ｖ形船底，它能使船吃水更深，减少来风时船横向漂移的情况。又如刀形船艏，它能将前面的水"切开"，减小来自水流的阻力，这样不仅能提高船的速度，还能减少水流对船体的磨损。

船艏：船的前部，也就是船头。

Ｖ形船底：Ｖ形尖底使船体吃水更深，当船受到横向风吹时，能减少横向漂移的情况。

滑道：早期的滑道一般利用天然的土坡，船只造好后，在土坡上铺上稀泥，用绳索拉船只下水。

倒点木屑滑得快。

你们进度很快嘛。

都是大家的功劳！

船坞（wù）：造船或停船的地方，也可以用来检查修理船只水下的部分。

我就是"刀形船艏"！

刀形船艏：船在行驶时，船艏会受到水流很大的阻力，而船艏处设计成刀一样的形状，可以将阻挡在前面的水流"切开"，这样既可以提高船的航行速度，也可以减少水对船艏的磨损。

船停了，徐寿和华蘅芳垂着头，站在蒸汽机旁。人群中发出的怀疑之声虽然不是很大，但却像锥子般戳着两个人的自尊心。

心如针扎

"既然藏在轮船底下的暗轮动力不足，那就把划水轮放到明面上，安装在船身侧面做成明轮。我就不信，这次还是不行！"

暗轮不行来明轮

不能放弃，绝对不能放弃！

不能放弃！

华蘅芳看到徐寿设计的新图纸，心中堵着的一块大石头也松动了。

哎？

试航结束后，徐寿对着轮船的设计图纸苦思冥想了三天三夜，终于想出了轮船蒸汽动力不足的解决办法。

有了！

"徐大哥这办法好！做成明轮，蒸汽机肯定能带得动了！"

这办法好！

更强劲的动力来源——蒸汽机

蒸汽机是一种利用水蒸气产生动力的发动机，液态的水在蒸汽机内受热变成气态，再冷却变成液态，这个过程中发生的能量转化可以带动机械运转。将蒸汽机与船体两侧的明轮连接，可以带来更强的动力。"黄鹄"号是中国第一艘以蒸汽机为动力的轮船。

古法今用： 除了水沸腾后产生的蒸汽以外，人们还发现汽油、柴油等燃料燃烧产生的能量也很巨大，便因此发明了内燃机。内燃机现在也叫发动机，其工作原理与蒸汽机类似，只是将水换成了汽油等燃料，燃料在汽缸内燃烧产生大量的能量，推动活塞上下运动，从而带动机器运转。

水甑（zèng）：蒸汽机的锅炉。下面烧火，锅炉中的水沸腾，产生蒸汽。

各个环节都不能出差错！

您放心吧！都是按照图纸来的。

汽

水

火

于是，又经过三个多月的精心制造，第二艘轮船造好了。

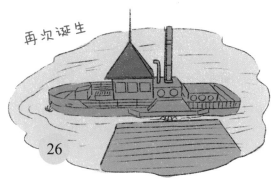

再次诞生

这一次，徐寿没有通知朝中各位同僚，更没有跟报社通气，而是自己亲自上船参加试航。

不叫他们

令人欣喜的是，这次试航成功了！

终于成功了！

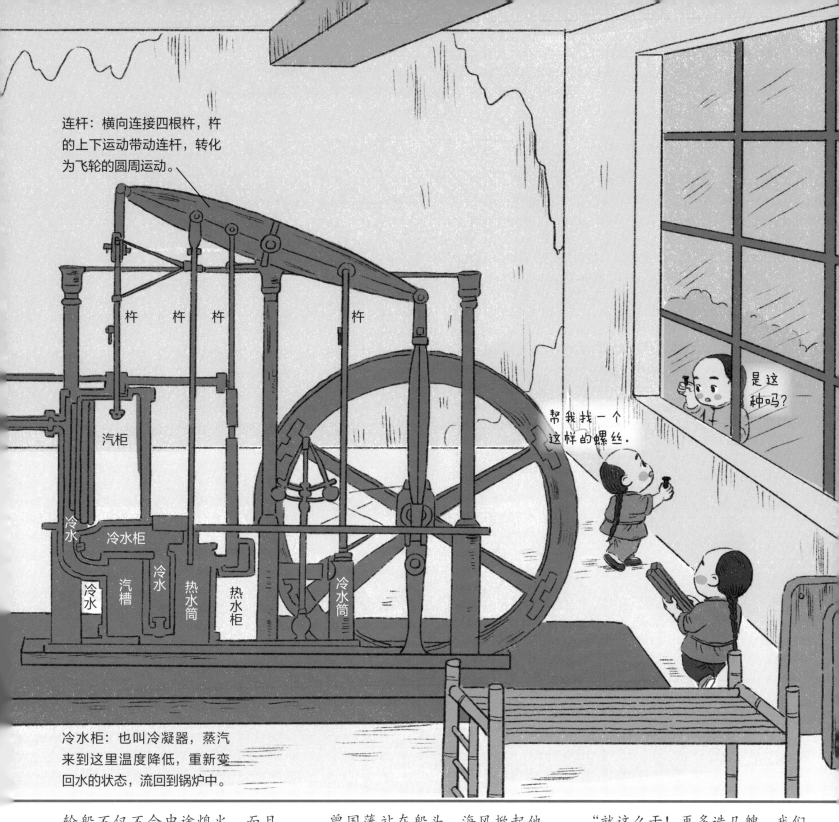

轮船不仅不会中途熄火，而且一个时辰能航行二十五六里，已经是非常让人高兴的结果了！

曾国藩站在船头，海风掀起他鬓角的碎发，发丝微微凌乱，却丝毫不减他的精气神儿。

"就这么干！再多造几艘，我们也是有轮船的人了！"

中国第一艘蒸汽动力轮船——"黄鹄"号

蒸汽轮船

　　徐寿等人经过研究和实践，终于在1865年自主设计并制造成功我国第一艘以蒸汽为动力的轮船——"黄鹄"号，为我国造船业的发展做出了卓越的贡献。这艘船能够运载25吨重的货物，船舱在船的后半部，机器都集中在船的前半部。"黄鹄"号第一次试水于扬子江，在不到14小时的时间内逆流而上，行驶了225里，时速约16里；而返回时顺流仅用了8小时，时速约28里。

就这样，徐寿带领华蘅芳和一众同行，终于造出了大型轮船。

大轮船诞生

这艘轮船的船身为木质结构，长度将近20米，载重能达到25吨，是中国第一艘自主制造的蒸汽轮船。

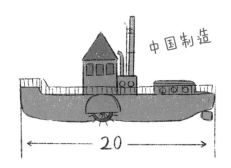
中国制造
20

参与制造的人员全部为中国人，除了回转轴、烟囱和锅炉所需的钢铁需要进口以外，其他一切工具和设备，全用国产原料自主加工制造。

在没有任何外在帮助下，徐寿带领安庆内军械所的诸位工程师，历经多次失败，成功研制出中国人自己的轮船！

兢兢业业

只可惜，曾国藩在首航仪式的这天，没能亲自到现场观看。他派儿子代替自己前来，还给这艘轮船题名为"黄鹄"。

子替父来
黄鹄

"黄鹄"两个大字自此题写在了轮船的两侧，徐寿等人的名字也载入史册。

永远明亮

黄鹄

烟囱：为锅炉的热烟气或烟雾提供通风的一种结构。

古法今用： 现代的轮船，依然有以蒸汽机为动力的，只不过机械设计更合理，热效率更高。不同的是，现代的轮船大部分采用金属材料打造（部分轮船的甲板表面也有木制的），这样的轮船更结实，也更耐腐蚀，寿命比木制轮船更长。

锅炉房：轮船上放置锅炉的机房。
添多少煤，船多大劲！
燃料：以蒸汽为动力的轮船，燃料主要为煤。

轮船博物馆

中国科学院自然科学史研究所原副研究员、科技史博士　史晓雷

我国古代"轮船"的里程碑事件

公元5世纪初 东晋
出现了桨轮船，逆渭水而进。——这是世界上首次对桨轮船的记载。

8世纪时 唐朝
李皋组建了一支车轮船队。

南宋
水军的木工高宣制造了有8个轮的车轮船。

1131年
钟相、杨么（yāo）起义时，在洞庭湖造有24轮的车轮战船。

清朝末年
徐寿与华蘅芳等人试制了我国第一艘蒸汽轮船。

轮船世界史

世界上第一艘蒸汽明轮船，是由美国工程师富尔顿在1807年制造成功并在哈德孙河试航的"克莱蒙特"号。它也是世界上第一艘近代蒸汽机客船。

1829年，奥地利发明家莱塞尔发明了实用的螺旋桨，从此螺旋桨推进器逐渐取代了轮船上的明轮。

小小发明家实验室

　　"黄鹄"号作为咱们中国历史上第一艘蒸汽动力的轮船，那可是给咱中国人大大地长脸啦！咱们终于可以自己造轮船了！

　　今天的实验，我也来带大家一起做一个明轮小轮船，这样夏天一来，就可以愉快地玩水啦！

准备材料：船体模型、拉线发条、2个桨轮、锥子、双面胶。

第一步：先在拉线发条底部粘上双面胶。

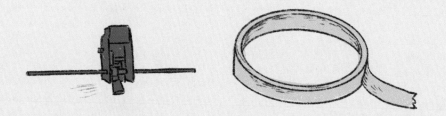

第二步：用锥子在船体两侧对称扎两个孔，将拉线发条的轴穿过船体两侧的孔内，粘在船体里。注意孔不要扎太低，不然拉线发条装不上，船还会漏水哟。

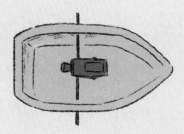

第三步：在轴的两端分别安装上桨轮，拉动拉
线发条上的线，观察桨轮的运转情况。

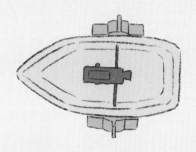

第四步：将做好的明轮船放在水中，试试看它
能不能快速地跑起来。

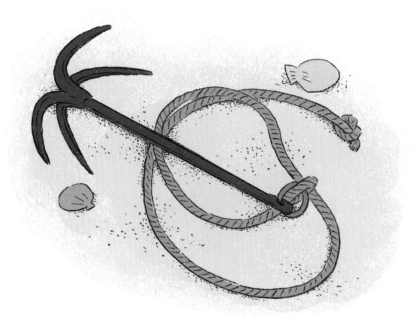